# MI CRUZ LLENA
# DE ROSAS

## CARTAS A SANDRA,
## MI HIJA ENFERMA

COLECCIÓN APRENDER

EDICIONES UNIVERSAL, Miami, Florida, 1996

XIOMARA J. PAGÉS

# MI CRUZ LLENA DE ROSAS

## CARTAS A SANDRA, MI HIJA ENFERMA

EDICIONES UNIVERSAL

Primera edición, 1996

EDICIONES UNIVERSAL
P.O. Box 450353 (Shenandoah Station)
Miami, FL 33245-0353. USA
Tel: (305)642-3234    Fax: (305)642-7978

Library of Congress Catalog Card No.: 95-83639

I.S.B.N.: 0-89729-789-X

Diseño de la cubierta por Ángel y María Martí

# ÍNDICE

# ÍNDICE

Sandra ha sido alegría y pena a la vez; un ángel y una cruz; un ancla y un motor. En estos quince años, he aprendido a valorar y agradecer a Dios por todo y cada uno de los pequeños regalos que la vida me da.

A Sandra, mi cruz llena de rosas, dedico este libro con las primeras quince cartas a mi hijita enferma.

Xiomara J. Pagés

Julio de 1995

## PRÓLOGO

## "LA FE NO CAMBIA LAS COSAS, PERO CAMBIA A LAS PERSONAS PARA QUE CAMBIEN LAS COSAS"

Xiomara es una de esas mujeres fuertes que Dios ha elegido para hacer de la Cruz un Canto a la vida.

El hogar de Frank y Xiomara Pagés ha sido un Viacrucis de penas y tragedias. Una de ellas es su hijita SANDRA, una preciosa niña de 15 años, retrasada mental...Tiene el SÍNDROME DE RETT, ALGO DESCONOCIDO E INCURABLE. Algo para destruir un hogar. Pero los Pagés no se han quebrado, se han forjado. No han perdido el buen humor y la sonrisa.

Hace un tiempo Xiomara me envió unas cartas que me llamaron la atención. Xiomara es una escritora de pluma ágil, novedosa y amena. Sus ideas son todo un mensaje cristiano. Le pedí que las publicara y esta idea ha cristalizado.

En una forma muy original la madre le escribe a su hijita inválida y ésta le contesta. Cosas que sólo se le ocurren a Xiomara...Pero la lección y el mensaje están ahí para que nosotros los asimilemos.

El título lo dice todo: **"MI CRUZ LLENA DE ROSAS."**...

La autora entiende el sentido del DOLOR: "Yo he aprendido a aceptar lo inaceptable...A sonreír a pesar del dolor...A querer y aceptar la Cruz...Conocí el verdadero valor de la vida...Sandra es todo pureza, amor, bendiciones...no sólo mi Cruz y mi dolor."

La FE mueve montañas de angustias, problemas, preocupaciones (parte del tejido de la vida...) y eso es lo que reflejan estas quince cartas en honor de los 15 años de Sandrita.

XIOMARA HA HECHO DEL SUFRIMIENTO UN HIMNO A LA VIDA.

Una Cruz puede ser tragedia que nos rompa el alma o crisol donde se abrillanta el oro.

El toque de la FE hace la diferencia en nuestras vidas. Y la autora en estas cartas lo ha logrado.

Pero dejemos que sea la misma Xiomara la que nos cante su dolor en:

*MI CRUZ LLENA DE ROSAS*

Reverendo Padre Hernando Villegas
Iglesia Católica The Little Flower
Coral Gables, Florida

# RECONOCIMIENTO

Este libro es un sueño hecho realidad, pero no es obra mía solamente. Es el trabajo y la dedicación de muchísimas personas que me seria imposible enumerar, pero quiero mencionar a algunas por sus nombres, que han sido primordial en este empeño.

Debo siempre en primer lugar agradecer a Dios; a la familia tan linda que tengo desde niña: a mi padre, Luis Sánchez, que tanto ha admirado mis escritos; a mi madre, Carmen Díaz Sánchez, E.P.D., que tanto me alentó a estudiar y a prepararme; a Berta Mujica, mi hermana, que con su silencio y sonrisa siempre ha aprobado lo que lee; a Freddy Mujica, mi cuñado, por creer en mí; a mis sobrinos; a mi esposo, el Dr. Francisco J. Pagés, especialmente por todo su amor y apoyo en estos 22 años; a mis hijos, que con toda su ayuda, especialmente con su hermanita enferma, han hecho posible muchas cosas; en especial a Franky, de quien fue la idea de publicar primero este libro, sólo con las cartas de Sandra; a mi suegra, Genoveva Galigarcía Pagés; a todas las nanas, terapistas y maestras que han cuidado de Sandra y que tanto la quieren, pues con su trabajo facilitan el mío; a los doctores Orlando Domínguez y Danilo Dueñas, pediatra y neurólogo, que han tenido tanta paciencia conmigo.

He tenido el apoyo de muchos familiares y amigos, principalmente de mis amigas Marta Ortega y Raquel Vanderbiest, pues se alegran con mis triunfos; el Padre Hernando Villegas, el Dr. Manuel Gómez, la Sra. Ruca Velázquez, quienes me han consolado, animado y aconsejado tantas veces; a toda la gente linda de International RETT Syndrome Association; a Christy Arias, locutora y cantante, Charito Izquierdo, y el Diácono Ray Ortega, de Radio Paz/Peace; el Sr. David Lawrence, Publisher y Chairman, de The Miami Herald, quien me dio la oportunidad de publicar una de estas cartas en su columna del domingo; el Dr. Bernard J. Fogel, Senior Advisor to the President and Dean Emeritus, y el Sr. Marvin Siegel, Assistant Vice President for Medical Administration, ambos de la Universidad de Miami, Escuela de Medicina; el Sr. Juan Manuel Salvat, de Ediciones Universal y toda su familia, por abrirme los caminos para lograr este sueño; a Hortensia Robaina, "mi bibliotecaria favorita" del Miami-Dade Public Library, que tanto me ha proporcionado en mi trabajo; y por ultimo, aunque no menos importante, a Percy Garcia y Daisy Rodríguez, por la tarea incansable de leer, editar, corregir, pasar en limpio e imprimir, todo el trabajo que les daba.

A muchísima gente que, por razón de espacio, me es imposible mencionar, pero todos ellos saben quienes son. A todos, mi más profundo agradecimiento.

La Autora.

# PRIMERA CARTA

## CARTA A SANDRA, MI HIJA ENFERMA

14 de septiembre de 1982

Mi querida Sandra,

Eres tan pequeña que no puedes entender lo que aquí escribo, y aún si crecieras no sé si pudieras todavía comprenderlo. De todos modos, mi pequeña bebita, siento la necesidad de poner mis sentimientos en estas líneas.

Apenas cuentas con dos años, pronto los cumplirás, y aún espero en Dios verte caminar y hablar. Nueve meses te llevé muy dentro sin sospechar un momento en la cruz que me esperaba. Te llevé llena de ilusión, de esperanzas, tenía tantos deseos de verte, y aunque siempre le pedía a Dios un bebé con salud, presentía que serías la niña que tanto anhelaba. Cuando yo era una niña y jugaba con muñecas, pensaba en una hija como tú, para ponerle lazos y encajes; te soñaba llena de ricitos como lo eres tú, y cuando naciste tan pequeñita, suave, blanca, trigueñita, me sentí la madre más feliz del mundo. Entonces, no sospechaba que en tan sólo unos meses, te estaría llevando a médicos, especialistas, hospitales, con la esperanza de verte sonreír, hablar, cantar, caminar y amar.

A veces, mi muñequita de carne, me recuerdas a mis muñecas de la niñez. Aquéllas miraban fijo, y cuando decían "mamá," sonaba frío, hueco, vacío. Ya ves, anhelo algún día oírtelo decir, sentir tus bracitos alrededor de mi cuello, sentir tu boquita contra mis mejillas, que en ese momento sé que estarán mojadas por lágrimas de alegría; y espero, mi niña bonita, espero en Dios, que es tan bueno, para que me adelante ese pedazo de Cielo.

Mira, mi amor, cuando naciste, al primer lugar que te llevé, al igual que a tus dos hermanitos, fue a visitar la casa de la Madre de Dios, la Virgen de la Caridad, en su Ermita. Y allí, como en las otras dos ocasiones, te ofrecí a Dios y a su Santa Madre. Mi hijita, Dios es tan bueno, que lamentaría que no lo pudieras conocer y amar. Cuando supe que estabas enferma, nunca pensé que esta decisión venía de Dios. Ves, porque Dios sólo es bondad, misericordia y comprensión, y esta cruz que llevo en mi corazón de madre, Dios mismo me ayuda a cargarla. Mas, qué contraste, con este sufrir, mi amor, nuestro hogar se ha unido más. Comprensión, amor, siempre hubo en nuestro hogar. También había fe, pero con esta gran cruz, la fe se nos ha aumentado. Y sigo esperando, mi niña, que Dios me traiga el milagro, y tal vez algún día leerás estas líneas y podrás comprender todo lo que ama una madre.

A veces pierdo la paciencia contigo. ¡Hay que tener tanta! Pero vuelvo a levantarme como Jesús, y sigo cargando mi cruz. Sabes, mi amor, salgo a la calle, y te juro que nadie puede leer en mi cara lo que llevo en el corazón, y pienso, y pienso en tantos padres que sufren viendo a un hijo perdido por las drogas, porque se ha convertido en un asesino, porque es un ladrón. Tal vez tú, hijita mía, serás siempre un angelito muy especial, que jamás se manchará con huella alguna de pecado. A veces miro tus ojitos tan negros y tan risueños, y me pregunto... ¿Cómo ves nuestro mundo?... ¿Cómo nos ves a nosotros en casa?... ¿Sabrás lo que te queremos?... ¿Sabrás lo inmensamente felices que seríamos al oirte decir mamá, papá, y buscarnos en un abrazo?

De algo sí estoy segura, mi niña, que hemos aprendido a amar como nunca antes, que tú, tan pequeña, tan inocente, nos has dado una gran lección; que hemos aprendido a valorar la salud de tus otros dos hermanitos, nos has enseñado los verdaderos valores de la vida. ¡Hemos madurado tanto y tan rápido en menos de dos años!... Pero, hijita mía, estás aquí, y es por algo. Quizás sea difícil de entender, lo mismo que para San Agustín comprender la magnitud de Dios. No podemos contener todo el océano que es Dios, en un hoyo en la arena, que es nuestra mente pobre, humana y limitada. No se nace por nacer, de eso estoy segura, y tú, mi niña, mi niña bonita, has nacido para que te amemos, y para que nos sintamos orgullosos de ser cristianos, hijos de Dios, y podamos pronunciar después de Cristo, la frase más llena de fe que se ha escrito en la historia: "HAGASE, SEÑOR, TU VOLUNTAD."

Te quiere,

Tu mamita.

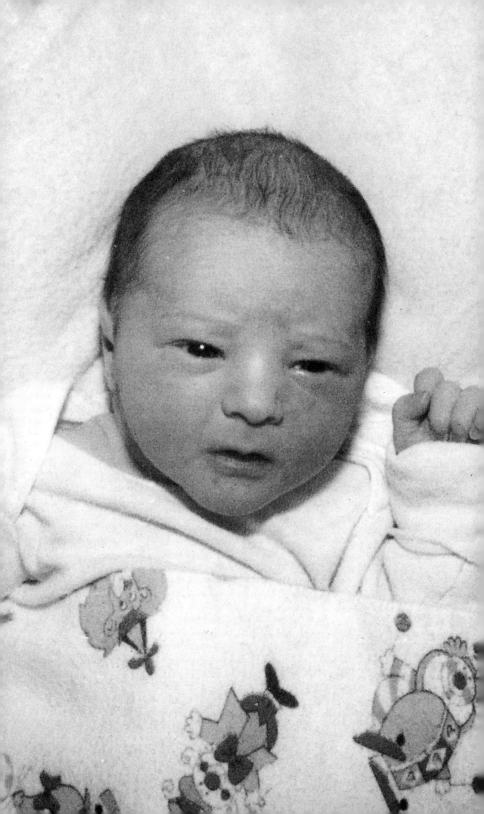

# SEGUNDA CARTA

## CARTA A SANDRA, MI HIJA ENFERMA

29 de febrero de 1984

Sandra, mi linda niña:

Hace dos años te escribí una carta. Tenías entonces apenas dos años cumplidos. No hablabas, aún hoy no hablas, sólo emites sonidos. No caminabas, aún hoy no caminas; torpemente te sostienes sobre tus piernas, mientras te sujetamos. No nos comprendías, aún hoy no sé si me entiendes. Pero algo y mucho, hijita mía, ha cambiado.

¡Lamentaba en aquel entonces, el que no pudieras conocer a Dios!... ¡Tonta de mí, tú mejor que nadie le conoces!... Un alma pura, sencilla, noble e inocente como tú., incapaz de ofender a nadie. Una carita blanca, pálida y risueña que nos dice cada mañana con una expresión angelical que Dios está con nosotros y debemos confiar en Él. Sí, Sandra, porque tus labios no hablarán, pero tus ojitos negros dicen algo cada vez que nos miran.

Sí, mucho ha cambiado. Te vemos con más aceptación, no con resignación. El que se resigna ya no trata más. Nosotros seguiremos tratando. Aún esperamos el milagro, pero el de verte caminar y hablar, porque tú fuiste ya, el mejor milagro en nuestras vidas. Y, sin embargo, ¡qué tristeza, hija mía!, sabes cuántas madres rechazan a un hijo antes de que nazca porque no es normal. Ven en ello un castigo. ¡Qué lejos están de la verdad!, pero, desafortunadamente, hay quien mira la tierra y no ve más que tierra.

Cuando te escribí la primera vez, te hablaba del peso de esta cruz en mi corazón de madre. Hoy, Sandra, la cruz se llenó de rosas. Tu hiciste que al mirarte la cruz se hiciera ligera. Dios me ha escuchado, porque nunca le pedí quitarme la cruz, sino que me enseñara a llevarla con alegría. Hoy te llevo, mi pequeña princesa, con alegría y con orgullo.

Te preguntaba entonces si sabías de nuestro cariño por ti, de lo felices que seríamos si pudieras decir mamá o papá. Pero ya, Sandra, eso no es importante. Ya sabemos y tú sabes de nuestro mutuo cariño y que somos felices con tan sólo mirar tu semblante. Tus ojitos dicen a gritos: ¡Mamá!... ¡Papá!... Tus sonidos vocales nos dejan adivinar todo cuanto necesitas. Y aunque difícil sea para muchos el aceptarlo, somos felices contigo. Eres como una lucecita en nuestras vidas.

Cuando veo a tus dos hermanitos abrazarte y besarte con tanto amor, dentro de mí no cabe mi orgullo de madre, porque también ellos son felices, teniéndote a ti. Juntos seguiremos adelante, porque seguimos a Dios, y tú, mi niña, más cerca de Él que nosotros. Juntos caminando y repitiendo ese dulce Salmo:

*"El Señor es mi Pastor,*
*nada me puede faltar."*


Besos,

tu Mamita

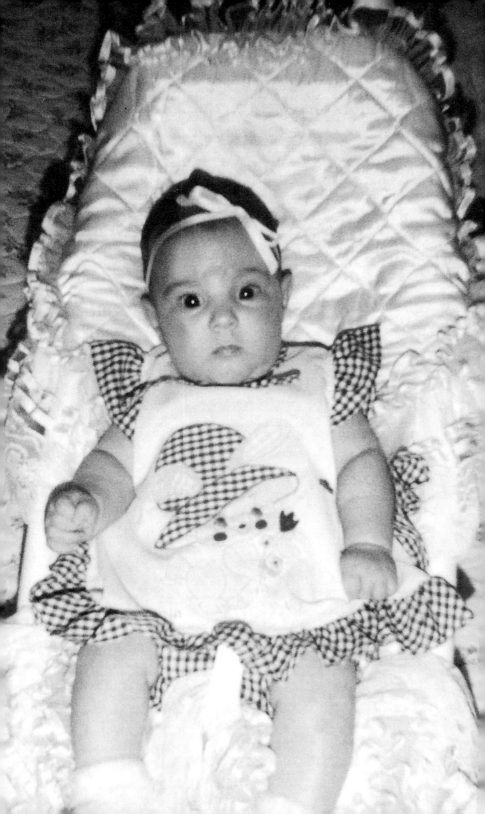

# TERCERA CARTA

## CARTA A SANDRA,
## MI HIJA ENFERMA

12 de junio de 1985

¡Hola, Sandra!

Una vez más me siento a conversar contigo por medio de estas líneas. Eres ya casi una niña de cinco años, aunque tu mente sigue siendo la de una bebita de seis meses, y como tal, no hablas ni caminas aún tampoco.

Mis dos cartas anteriores, aún las conservo. En ellas hablaba de Dios, de resignación y conformidad, de fe y de esperanzas. Hoy te voy a hablar de eso y mucho más; te voy a hablar de mis sentimientos y mis preocupaciones.

Hace unos días me dijo el doctor que debo operarme. Nada complicado, pero necesitaré descanso y reposo por un tiempo. Me preocupan tus hermanitos, pero me preocupas tú, porque tú solita no puedes hacer nada; dependes totalmente de mí. Sí, ya sé que tus abuelitas me ayudarán, pero no dejo de pensar en ti.

Sabes, Sandra, por más fe que uno tenga en Dios, no es tan fácil tener una niña como tú. Sólo los padres de hijos como tú, pueden entender muy profundo lo que yo siento. Eres algo especial, sublime y hermoso; es como tener un pedacito de Cielo, y te consideramos una bendición, no un problema. Pero a veces es tan triste mirarte, verte comer; todo se te cae de la boca, y no sabes cómo recogerlo, y si lo recogieras, tampoco sabes coordinar cómo llevártelo a la boca. A veces es triste ver como te ríes, y aunque te ríes lindo, no sabes de que te ríes, tu carita está iluminada contenta, pero no sabes qué pasa alrededor tuyo. El otro día fui a tu escuela, tenías un *picnic* por el fin de curso con tus compañeros de terapia, y no pude comer allí; había tantos niños con problemas, y peores que tú; sillas de ruedas, aparatos para soportar cabecitas deformes; se les caía la comida de la boca; en fin, algo se me revolvió muy dentro, y no pude comer con ustedes. ¡Qué miseria humana!... no la de ustedes, ¡sino la mía!... ¡Yo, Sandra, tu madre, cómo podía sentirme así! Sin embargo, esa es la verdad. Pero después me sentí reina, porque tú tienes carita de ángel y sonríes cuando te miro y cuando te acaricio. ¡Cómo admiré a aquellos terapistas que con tanta paciencia y amor ayudaban a esas criaturas desvalidas!

Pero, Sandra, para la madre de una niña como tú, siempre habrá en el fondo de su alma, un sentimiento, una preocupación, un preguntar el porqué eres así. En el fondo de nuestro pensamiento, hay muchas preguntas. Te queremos mucho, y, sin embargo, a veces no es suficiente. Cuando ayudo a tu hermanito de tres años a hacer algo que él no puede, o no sabe, pienso que pronto lo aprenderá, que ha crecido mucho y sabe mucho. Contigo es diferente. Aunque no lo piense todo el tiempo, ahí debajo, permanente, escondido en el alma, pienso qué será de ti cuando yo falte. ¿Aprenderás a valerte por ti misma algún día?... En ti no tengo esperanzas de unos nietos, ni verte vestida de blanco en un altar, ni estudiando una carrera. Algo similar escribía una madre de una niña de 12 años que era como tú. Ella decía que el optimista veía la mitad del vaso lleno, y el pesimista, la mitad del vaso vacío. Yo, al igual que ella lo expresa, siento muchas veces que yo tenía el vaso lleno, porque tener una niña era mi ilusión, eres la vida misma; y me derramaron el vaso, y me quedé con un vaso vacío.

Algún día en el Cielo, Dios nos llenará ese vacío y contestará todas las preguntas de padres y madres como nosotros; y aunque aceptamos la Voluntad de Dios y dejamos que llene nuestro vacío de cada día, allá en el Cielo, todo será perfecto.

Ahora, Sandrita, Mami se va a dormir igual que tú. Sueña y sonríe tú, como lo haces en tu mundo inocente. Yo trataré de encontrar paz en mis oraciones mientras me duermo, y pensaré con fe que Dios nos tiene en sus divinos planes, pues somos más que las flores del campo y los pájaros que vuelan, y aun a éstos, no les falta su Divina Providencia.

Vamos a dormir, pensando en las palabras de Nuestro Señor: "El que quiera venir en pos de mí, tome su cruz y sígame."

Buenas noches,

Tu Mami.

# CUARTA CARTA

## CARTA A SANDRA,
## MI HIJA ENFERMA

14 de abril de 1986

Mi querida Sandra,

Antenoche asistimos tu padre y yo a una bonita fiesta. La fiesta era en homenaje de una muchacha a la cual conocimos cuando era muy pequeña. Ella cumplía sus quince años. Lucía como una princesa. Muchos recuerdos vinieron a nuestras mentes.

La fiesta fue en un lugar precioso, lujoso, suntuoso. Todo lo que allí había debió haber costado mucho, muchísimo dinero. Los salones, la comida, las mesas, los camareros, los trajes, el espectáculo, todo era de sueños, pero nada de eso, como sabes, me impresionó en lo absoluto. Ya sabes que tu madre adora la sencillez, pero he sabido compartir siempre en ambientes sencillos y elegantes por igual.

Lo importante de esta fiesta era la muchacha quinceañera y en ella pensé todo el tiempo. En ella, y en sus padres, a los cuales conocemos desde hace años. Todo el mundo disfrutaba de la música y del acontecimiento. Yo, en cambio, observaba la carita tímida, joven y dulce de aquella niña que tantas veces cargué, con quien tanto conversamos cuando era solamente algo chiquito y menudo. En los padres observé aquello que llevan todos los padres en un día como este: orgullo y alegría de saber que de alguna manera han cumplido con lo que tenían que cumplir. Claro, este no era el día de su boda, pero para ellos significaba algo importante que llegaron a realizar.

Para muchos padres, una fiesta de quince años no es tan importante como para una hija. Para otros, esto resulta ser muy costoso. Y para otros, es algo esencial. Yo no juzgo ni lo uno, ni lo otro. Yo, bien sabes, dejo los juicios a Dios, pero trato cristianamente de mirar dentro de la gente, de ir más adentro, más profundo. Y para estos padres, era un día de alegría, su pequeña niña se hacía mujer. Y era bonito para ellos, verla tan linda, crecida, hermosa, danzando entre los encajes y cintas, sonriendo con nerviosismo y alegría, al compás de la música y las pompas de jabón que se veían por todo el salón. Ellos le regalaban un día inolvidable.

Fue justo, en ese momento, cuando me acordé de ti, mi pequeña Sandra. Para estos padres la alegría mayor era verla allí, bailando en aquel suntuoso salón. No sé qué otras cosas más grandes deban ellos compartir, tal vez mucho amor, comprensión, obediencia, compromiso, confianza y mucho más. Pero para mí fue pensar en ti como una niña normal. A mí no me importaría verte bailar allí, o en cualquier otra parte, sino saber que pudieras caminar. Para ellos, sus padres, era lindo verla reír, para mí no sólo sería verte reír, sino saber que ríes porque comprendes y entiendes lo que está pasando. Tú, con tu retraso mental, ríes sin saber de lo que estás riendo. Ellos estarían orgullosos y agradecidos cuando su hija complacida les daba las gracias por todo aquello, yo me conformaría con saber que puedes decírmelo, porque puedes hablar, y lo harías de pie ante mí, cosa que ni siquiera sabes hacer todavía. Nosotros no podríamos, ni siquiera con todo el dinero del mundo, darte una fiesta así, porque tú no eres una niña normal, eres una niña especial, porque duele decir retrasada. Pensé también que eres para nosotros tan especial como una chica lo es para sus padres. Por eso, allí mismo, rogué a Dios por ti, y le di gracias por tenerte, y por haber superado tu padre y yo, tantas cosas; por haberte aceptado tal como eres. También rogué a Dios por esta chica para que siempre vaya por el sendero del bien, porque todas las facultades que Dios le ha dado, de inteligencia, de amor, de comprensión, de bondad y perdón, y de pureza, las sepa emplear a través de toda su vida con todo el que encuentre en su camino, ella que sí puede, tener esa opción. Y rogué por sus padres, y por su familia, como ruego por nosotros, para que Dios nos guíe en dar a nuestros hijos el verdadero valor de las cosas, y lo profundo y divino de las almas nobles.

Yo también, Sandra, tuve una fiesta de quince años, no tan lujosa como ésta, pero no la he olvidado nunca, porque fue preciosa. Me parece recordar el vals, el maravilloso salón, las parejas bailando, la sonrisa de la gente alrededor mío, y sabía entonces, como mis padres me complacían en algo que yo deseaba. Esta noche yo recordaba también mi linda fiesta cuando todo en la vida era sólo ilusiones, música y baile, sueños rosas, simpatía por los chicos, un lindo vestido, un piropo agradable, una noche sin dormir por un examen o por una ilusión rota.

No lamento nada de lo que la vida me ha dado, incluyéndote a ti. He crecido espiritualmente y puedo así servir mejor a Dios y a los demás.

Le pedí a Dios por esta niña que se hace hoy mujer; no que la preserve de los golpes de la vida (nadie está privado de ellos), sino que aprenda con ellos y sea siempre lo dulce y buena que su capacidad y facultades le permitan. Que ni las penas, ni las alegrías la conviertan en un ser sarcástico, cruel, cínico o indiferente a los problemas del mundo y de los demás. Tal vez un día, Sandra, tú tengas también tu fiesta de quince. Será especial, muy especial, y sólo gente muy especial podrá comprender la alegría que nosotros sentimos al llamarte nuestra hija. Tú eres dulce, linda, tierna, trigueñita y frágil como una rosa, y es un privilegio tener algo tan especial y dulce entre nosotros. Nos has ayudado tanto, nos has dado tanto. Eres una bendición del Cielo.

Y mientras ese día llega en que te vistas de rosa, pienso en las palabras de Cristo (1 Juan:4):

"No somos nosotros los que hemos amado a Dios sino que El nos amó primero... Nosotros hemos encontrado el amor que Dios nos tiene, y hemos creído en su Amor..."

Besos de,

tu Mamita.

# QUINTA CARTA

## CARTA DE SANDRA
## A SU MAMÁ

22 de agosto de 1986

Querida Mamá:

Estoy al cumplir casi ya mis seis años. En todo este tiempo te he venido observando, escuchando, mirándote. ¡Cómo me quieres, mami!... ¡Y cómo has sufrido por mí!... He visto cómo llorabas amargamente al principio de yo nacer, cuando yo era imposible de cuidar, pues nadie me hacía callar. Sí, es difícil ser la madre de una niña como yo. Yo no puedo hablar, ni caminar, ni comprender de la manera que se espera humanamente, porque soy una niña retardada, aunque voy a cumplir seis años, mi mente es de seis meses. Pero aun así, mami, trato de sonreírte, y de llenar mis ojitos de chispa para verte reír, porque me gusta que te acerques a mi cuna, y me abraces, y me beses, y te rías conmigo. ¡Cómo me quieres, mami!... Qué sabe el mundo de este cariño tan lindo, tan puro y desinteresado que nos une a ti y a mí.

Te vi leyendo un libro las otras noches, era sobre niños como yo. Te sentí venir a mi cuarto y besarme, aunque me hice la dormidita. Has leído mucho, y has aprendido mucho. El dolor, mamá, te ha hecho madurar de verdad, igual a papá, igual que a toda la familia, porque yo, esta niñita inocente e insignificante, soy un regalo del cielo para todos ustedes. Yo he sido enviada por Dios para cambiar vuestras vidas. Has aprendido conmigo, con el sufrir diario, con el aceptarme como soy, que Dios es lo más importante, y ya nada que no sean las cosas de Dios, te llenan tanto en esta vida. Yo quisiera poder hablar para enseñártelas, pero Dios es tan sabio, que se ha valido de personas, de situaciones difíciles, de libros, de muchas cosas, para decirte lo que yo con palabras no puedo.

Y verte cumplir con la misión de Dios, ver cómo ayudas a los demás, ver cómo te das a los más necesitados, y a los más sufridos. Ver cómo perdonas, cómo llegas al corazón de la gente, mami, ese es el mejor regalo que puedas darme. Porque esa es mi misión en la tierra. Yo soy como un ángel que Dios quiso enviar a esta familia donde he nacido para cambiar un poco la maldad de este mundo.

Te tomó tiempo, mamá, pero has llegado a aceptarme. En todas las cartas que me has escrito has ido madurando, y has llegado a llenar de rosas, como lo dices en una de esas cartas, aquella cruz que yo significaba para ti. Ves, mami, Dios lo ha querido así.

Hay días que sufres. Yo no espero que saltes de alegría por tener una hija retardada. Sé lo que piensas cuando ves a las niñas de mi edad acercarse a ti, hablarte y reír contigo. Pero sé también, que eso es así, cuando miramos lo humano de este problema. Tú y papá ya han superado esa etapa, ahora ustedes lo miran desde el terreno espiritual, y saben que yo he sido para ustedes una verdadera bendición.

Niños como yo existen, y es por un plan divino, si no, no tendría sentido que hubiesen miles y millones de niños como yo en un mundo creado por Dios, tan perfecto en tantas cosas. Con montañas, un sol, unos ríos, unos mares que te dejan perplejo, y en contraste, un montón de niños retrasados que al parecer no significan nada para nadie. No, mamá, Dios nos tiene a nosotros también en sus planes.

Tú recuerdas las palabras de la madre de San Luis, Rey de Francia, ella siempre le decía que prefería verlo muerto que en pecado. Pues bien, yo, mamita, nunca te daré un dolor semejante. Yo no tendré problemas de drogas, yo no perderé mi pureza, yo no puedo ofender a nadie, más que sonreír y hacer que el corazón de quien me mire sienta un estremecimiento de paz, de amor, de compasión, y al observar cómo papá y tú me aceptan y me quieren, ellos se conviertan a Dios. Entonces, mami, entre tú y yo, hemos salvado un alma para Dios. Ese es mi plan en este mundo. Ese es el plan que tú y papá deben seguir. Porque la vida de este mundo no es la importante, ésta es pasajera, temporal, la importante es la eterna. Y allí, allí mamá, yo no seré retardada, allí yo te hablaré y te diré, que lo has hecho bien, que fuiste la mejor madre para mí, que me quisiste y me quieres mucho, y que supiste seguir el mensaje que Dios te enviaba al darme como tu hija. Porque conmigo, mami, tú ayudaste a transformar el mundo. Porque cuando tú me abrazas y me besas, el mundo se estremece a nuestros pies, porque eso sí es cariño desinteresado, ya que muchas veces, yo ni siquiera te miro, ni siquiera puedo darte las gracias por todos tus desvelos.

Yo, sin embargo, voy derechito al Cielo, así que luchen mucho en esta Tierra para que podamos estar unidos allí también. Tantos padres sufren con sus hijos, porque en realidad lo que temen es que pierdan la pureza, la bondad, y esto a causa de que caigan en pecado. Pero yo mami no puedo caer en la maldad, tú conmigo puedes vivir tranquila. Yo soy un premio que tú mereces a la bondad que puedas compartir con los demás. Yo soy una hija de Dios, una hija especial, una heredera del Reino de Dios, y no podré ser nunca desheredada. Se ofende tanto a Dios, que si no fuera por tantos miles de niños y de seres humanos como yo, que no le ofendemos, sino que ayudamos a nuestras familias a traer almas que se acerquen a Él, el mundo debía haber sido ya destruido por tanta maldad. Pero aquí estamos nosotros, los retrasados, los paralizados, para ayudar a esta humanidad. Y pensar que hay quien opina que se nos debe matar en un aborto, cuando se sabe que naceremos con un defecto. Pobre gente, pobre mundo, no ve más allá de sus narices. No quieren, no les interesa conocer los caminos de Dios. ¿Recuerdas el libro que leíste de Rafael Moya?

Gracias a niños retardados se han hecho hospitales y centros para que nos ayuden; allí mucha gente trabaja para encontrar la causa de nuestro retraso o enfermedad, otros han dado su dinero para ayudar en esos hospitales y centros, hombres y mujeres, científicos de todo el mundo se han unido como hermanos para encontrar una razón, y se han unido en amor por ayudar a los demás. ¿No es ésta la misión del Cristianismo?... Gracias a nosotros se hacen obras de fe y de caridad. Niños como yo hemos despertado sentimientos cristianos en nuestras familias, ustedes mismos se han acercado más a Dios y a la Iglesia gracias a mí, mamá.

La misión de niños retardados, la misión mía, mamá, es despertar todo el amor que hay en el mundo para salvar el mundo. Esa es nuestra misión. Y ustedes han aprendido de veras como nunca antes a abandonarse en el Señor.

Madres, padres, terapistas, y maestros, han llegado a conocer a Dios y han dado lo mejor de su ser, por ayudarnos a nosotros. Este sentimiento transforma el mundo. Ustedes, mami, tienen un privilegio en casa, ustedes tienen a Dios. Yo no soy un castigo para ustedes, ni ustedes han obrado ningún mal para merecerme a mí, al contrario, han obrado tanto y tan bueno, que Dios quiso, y yo quise, nacer en el hogar de ustedes. En mí, en ustedes, en nuestro hogar, se manifiesta el Amor de Dios. Si nos ponemos de veras a balancear el amor y cariño que ustedes como padres me han dado, y lo mucho que yo les he dado a ustedes, creo que todavía pudieran darme más, todavía podrían amar y ayudar más para quedar balanceados conmigo. Y algún día Dios les dirá en el Cielo: **"LO QUE HICISTE POR UNO DE LOS MÁS DÉBILES A MÍ ME LO HICISTE."**

Tu Sandrita

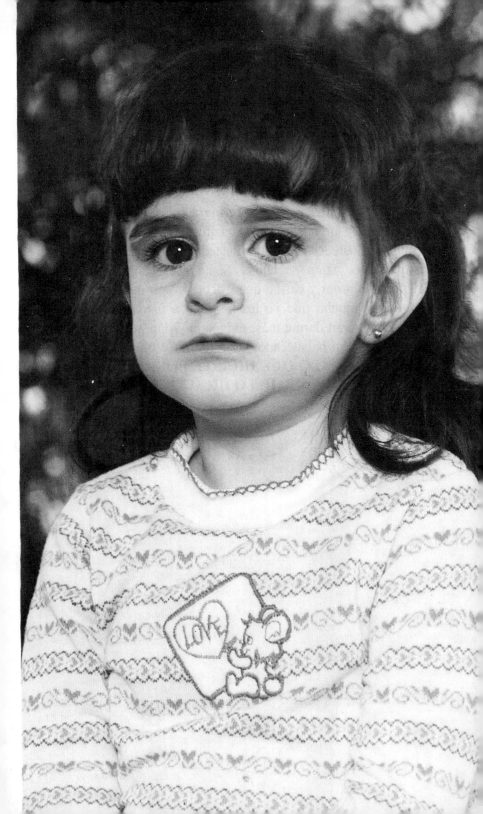

# SEXTA CARTA

## CARTA DE SANDRA
## A SU PAPÁ

5 de mayo de 1990

Querido Papá;

Sé que te extraña esta carta mía, pero ya sabes cómo es mamá, y las cosas que siempre se le ocurren.

Mami me ha dedicado tantas cartas, que hace un tiempo le contesté con una muy larga. Claro, todo esto es pura imaginación de mi madre, pues yo no soy un ser normal ni perfecto, pues no hablo, no sé caminar, ni siquiera ya me puedo sentar como se debe, y mi retraso mental es tan profundo, que sólo en el corazón de una madre como la mía, pueden surgir estas palabras escritas, pero bueno, a veces es lindo imaginar, soñar lo que no es la realidad, y son esos sueños, los que nos permiten seguir enfrentando la vida, y las realidades que nos toca vivir.

41

Jamás podré yo comprenderte, ni hablarte, pero es lindo que mamá se lo imagine y escriba una carta como ésta.

Debió haber sido muy duro para ti, papá, después de tanta ilusión con una hembrita linda, blanquita, suave y con ricitos, descubrir que esa linda niña con casi un año de nacida, aún no hablaba, ni siquiera se sentaba. ¡Qué triste saber que no era normal, que sería retrasada, y que mi futuro sería estar condenada a una cama o un sillón de ruedas, sin poder tener siquiera el uso de mis manos! ¡Qué triste para ti, que fuiste el que hizo el extraño diagnóstico, después de cinco o seis años sin saber cual era mi extraña enfermedad!

Fue para ti muy duro, pues justamente con mi nacimiento, Abuelito, tu papá, también se enfermaba y quedaba paralizado y sin razón en una cama, donde padecería por siete largos años. ¡Cuánto sufrimiento y, sin embargo, seguimos adelante!

Te he observado a ti también papá, y admiro la fuerza, la fortaleza de que te has servido para darnos a todos en casa, no sólo el pan de cada día con tu trabajo y tu tesón, sino que nos has alentado cuando te hemos necesitado. Has sido un buen padre para mí y para mis hermanitos, que, al ser normales, sí pueden disfrutarte más que yo.

Me gustan tus caricias, las palabras dulces y los besos que me das cuando vienes al cuarto en puntillitas a ver si estoy despierta o dormida, y te sientas al borde de mi cama, y me tocas el pelo, la cara, me dices que soy linda, que soy buena. ¡Papá, qué bueno eres! Ojalá, que también mis hermanitos se den cuenta de lo bueno que eres con ellos. Y con mamá, cómo la quieres, y como ella te quiere a ti. Yo sé que mi enfermedad pudo haberles hecho mucho daño a todos, sobre todo a ese lindo matrimonio de ustedes, pero yo sé que tú y mamá se adoran, y llevarán siempre esta familia adelante.

No te sientas culpable por mí, yo nací así, y nada más. Yo sé que les he traído penas y lágrimas, pero también les he traído muchas bendiciones y mucho amor.

A veces sentada en mi sillón de ruedas cerca de ustedes, veo a mis hermanitos hablar y reír contigo, mientras juegan y retozan por el suelo, o juegan cualquiera de esos juegos de mesa. ¡Cómo me gustaría también yo poder jugar con ellos y contigo! Pero me conformo mirando lo alegres y contentos que están todos jugando. Si yo fuera normal como ellos estaría también riendo, y a veces también discutiendo y peleando como ellos lo hacen.

No, papá, no es tu culpa que yo sea así. Pero como mami dijo en una de sus cartas, nací por alguna razón así, y de eso estamos seguras, nadie nace por nacer. Mi misión es muy grande, tan grande, que a veces las mentes humanas no lo podrán nunca comprender del todo, pero estoy aquí, en este hogar, junto a ustedes. Ya sé que muchas veces, médicos y terapistas les han sugerido que me pongan en una institución donde otras personas y enfermeras me cuiden. No te sientas mal si algún día, tú y mamá, ya cansados, no puedan más con esta pesada cruz, y tengan que hacerlo. Yo siempre haré que las personas a mi alrededor me quieran, con mi carita dulce y mi sonrisa inocente, y me cuidarán con tanto amor como ustedes. Tal vez no igual que ustedes, que me adoran, pero lo harán con amor.

Y en tu día de los padres, no quise que faltara mi felicitación, esa que nunca podré darte sino algún día en el Cielo con mi propia voz, pero gracias a la imaginación y la creatividad de mamá, hoy te dedico esta carta.

Te quiero,

Tu Sandrita.

43

# SÉPTIMA CARTA

## CARTA DE SANDRA
## A UNA MADRE QUE PERDIÓ SU HIJO

19 de septiembre de 1991

Querida Señora:

Usted me conoce y sabe que soy una niña de 11 años, retrasada mental, con la mentalidad de un bebé de seis meses, y como tal, ni me mantengo de pie, ni camino, no puedo hablar, ni comprendo lo que pasa a mi alrededor; no puedo utilizar ni siquiera mis manos para tocar a nadie, y hay que hacérmelo todo. Pero, aunque no comprendo todo, veo a mi madre triste, porque usted perdió a su hijo.

Mamá ha tenido pensamientos locos, tal vez, profanos; ella hubiera cambiado mi vida por la de su hijo. No, no me ofendo, porque yo comprendo el corazón de mi madre. Ella y yo, somos como una misma cosa; mi misión en la vida la hago a través de mi madre. Ella es mi mente, mi voz; el grito que no puedo dar, la expresión que no puedo mostrar. Mamá habla por mí en esta carta. Ella sabe querer muy profundo, y sabe dejar ir, que es lo más difícil para el que de veras ama. Yo sé que usted tiene en el alma un dolor muy profundo, incomprensible, como un puñal clavado en el corazón, en las entrañas de donde salió ese hijo. No hay palabras por profundas que sean que puedan aliviarla ahora, pero el tiempo, a veces tan cruel, es ahora amigo, cuando se trata de heridas como estas.

Yo estoy de acuerdo con mamá. Mi vida aparentemente no tiene sentido. Soy una niña que no puede caminar ni correr, que no puede abrazar ni besar, que no puede decirle ni siquiera la palabra más linda que mi madre quisiera: MAMÁ.

No puedo decirle que la quiero, y, sin embargo, tengo tantas personas a mi alrededor que me quieren y cuidan, que me consideran dichosa, dentro de mi frustración. Yo hubiera dado mi vida, querida señora, a cambio de la vida de su hijo, que podía quererla y demostrárselo; que miraba una puesta de sol, y la podía plasmar en un lienzo; que miraba al cielo, y veía mucho más que color azul y nubes; su hijo, que podía remontarse en los aires montado en un lindo caballo, cosa que yo nunca podré hacer ni en sueños. Su hijo era un artista y llegaba a su corazón, lo mismo que llegó al de tantas otras gentes; que sembró amor en su camino, que aportó a la humanidad, y compartió con ella, pedacitos de su gran creatividad. Yo jamás podré lograr eso.

Pero como Dios es quien decide nuestros destinos, yo estoy viva, y él está muerto. No lo podemos cambiar. Pero él subió al Cielo, yo estoy segura. Lo que sufrió en esta tierra, como todos tenemos que sufrir, él lo sufrió y más, porque sus últimos días en cama, fueron agonizantes. Yo sé que cada vez que usted lo miraba allí postrado, era como un cuchillo metido en las entrañas, y que se retorcía cada vez que escuchaba un quejido de su boca, o miraba una contorsión de su cuerpo que indicaba dolor.

Ha pasado usted días muy difíciles. Más difíciles serán los que siguen. No es ligero el dolor de la madre que ve a un hijo, más joven que ella, precederle en el viaje al Cielo. Lo natural es morir antes que los hijos. Pero usted es fuerte, y el tiempo aliviará este gran dolor. La pena de perder a su hijo, jamás se borrará de su corazón, pero la vida continúa y usted seguirá viviendo, pues hay otros que esperan su amor y su calor. Usted aprenderá a ver la sonrisa de su hijo en el abrir de una rosa; lo verá cada mañana cuando al despertar vea los lindos rayos del sol entrando a su cuarto, y sentirá el calor de su abrazo. Cuando escuche las olas del mar chocar contra las rocas y la playa, le parecerá escuchar su voz. Y aún sonreirás, y te reirás incansablemente, cuando recuerdes aquellos ratos alegres y chistosos que juntos compartieron; y meditarás y reflexionarás en cada paso de tu vida, recordando todo aquello profundo que te unió tanto a él cuando vivía. El ha ido a otro lugar. Sé que lo extrañarás, pero él, con Dios, donde está, es feliz, y será tu ángel en el Cielo, como lo soy yo para mi madre, en esta Tierra.

Yo que daría la vida por él, para que tú no sufrieras, estoy viva y estoy aquí. Tengo una misión que cumplir, y mi madre es mi voz, mis brazos, mis piernas para cumplirla. Sobre todo, es mi corazón, para testimoniar al mundo, lo que hay en mi corazón, que sólo se puede leer en mis ojitos. Ese Dios que es todo amor, ha de llevar Su Paz a tu corazón, como se la llevó una vez, y tantas veces, al corazón de mi madre.

Señora, un beso en la frente en nombre de su hijo que se fue,

Sandra

47

# OCTAVA CARTA

## LA MADRE QUE PERDIÓ SU HIJO, LE CONTESTA A SANDRA

9 de octubre de 1991

Querida Sandra:

Tu carta me ha conmovido y te la agradezco infinitamente. Yo quisiera que mi hijo aún viviera, pero no a costa de tu vida tan santa e inocente. Agradezco el corazón sincero de tu madre y la amistad que a ella me une.

Yo sé que tú eres una niña enferma, sin habilidades físicas ni mentales, que a pesar de ser una bendición en tu hogar, eres una cruz pesada para tu familia que debe luchar contigo día a día. Es triste ver a tus padres luchar tanto, con la rara enfermedad que padeces, y saber que no hay cura, que tu condición empeora en vez de mejorar, y ni siquiera saber si llegarás a crecer en una adulta, pues dentro de sus corazones está siempre la incertidumbre de cómo y cuándo puedes morir.

Además, cuidar de tu cuerpo y persona es una labor diaria y ardua.

Pero, sabes, tu mamá piensa que el dolor de perder a mi hijo es mayor que el suyo, y yo, en cambio, pienso que el de ella es peor que el mío. Yo echo de menos inmensamente a mi hijo, pues era muy especial para mí. Tenía muchas cualidades lindas, era mi tesoro, mi oasis en esta vida. Pero cuando más triste me siento, hojeo sus libros y veo sus pinturas colgadas por toda la casa, y aquella cajita llena de colección de cristales, o aquel escrito que hizo, o aquel regalito especial que un día me regaló, y aunque generalmente termino llorando, son memorias que atesoro en mi corazón, como los momentos que juntos compartimos muchas veces. Tu madre, en cambio, Sandra, no tiene ninguna de esas memorias, sólo puede disfrutar de tus ojitos chispeantes, y tu sonrisa angelical. El amor de ella por ti, es verdaderamente un amor desinteresado, pues te ama sólo por existir, porque como tú bien dices en tu carta, nunca podrás expresarle tu amor en palabras, ni siquiera en un abrazo.

Mucho sufrí, viendo a mi hijo morir en una cama, retorcido por los dolores físicos, y por los internos, sabiendo el dolor que causaba a mi corazón con su enfermedad, pero hice por él, todo lo que pude. El resto, Sandra, se lo dejé a Dios en Sus Manos, como estoy segura hará tu madre cada uno de sus días, para poder llevar su cruz.

Sé que me esperan días difíciles, y algún día, aprenderé a ver y sentir a mi hijo, en una puesta de sol, o en el vaivén del mar, pero ahora, es mucho el dolor que llevo dentro. Mas, no, no quiero cambiar tu vida por la de él, pues todos nacemos con una misión. La misión de mi hijo, fue llevar amor a todo el que pudo, en sus jóvenes años, a través de sus palabras, de su actuación y actitud, y expresó mucha belleza a través de su creatividad.  Tú también tienes tu misión, y la carta que expresas a través de tu madre, es parte de esa linda y gran misión aquí en la Tierra.

Yo rogaré a Dios por ti y por tu madre, para que cada día la cruz se haga más llevadera, y cuando el día llegue en que tengas que marcharte junto a mi hijo, que también estoy segura ha de estar en el Cielo, Dios le dé la misma paz que le pido para mi propio corazón.

Dios te bendiga,

Una madre que perdió a su hijo.

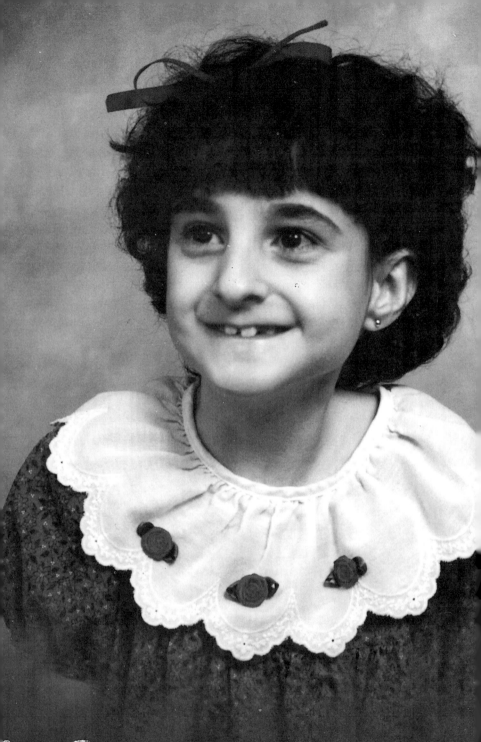

# NOVENA CARTA

## CARTA A SANDRA,
## MI HIJA ENFERMA

2 de abril de 1992

Querida Sandrita:

Escucho en la radio y televisión, y leo en el diario, sobre el caso de un niñito de tres años, que fue maltratado por su madre hasta dejarlo tirado muerto y abandonado en la calle. Hace sólo dos días, que una bebita muere sin cerebro ni cráneo, y sus padres que quieren donar sus órganos a otros niños, lloran porque la ley no se los permitió. La prensa les nombró "Baby Lollypop" al primero, y "Baby Theresa," a la bebita. Estos casos me han hecho pensar en ti. Cuando naciste te trajeron a mí cubierta en pañales y frazaditas, y yo, como la gran mayoría de las madres, te conté todos tus deditos, vi que eras completica, y me sentí feliz de que fueras "normal."

A los dos meses, balbuceabas, y reías maravillosamente. En una grabadora, capté tus sonidos de bebita alegre, y me deleitaba haciéndote cosquillas y conversando contigo. A los nueve meses, te reías y decías adiós con tu manita. Al año, decías dos o tres monosílabos. Te desarrollabas normalmente, sin que nosotros sospecháramos que algo no estaba bien, y venía caminando desde tu nacimiento. Al año y tres meses, estuviste una semana en el hospital de niños. Después de muchas pruebas y exámenes médicos, aún no sabíamos qué te pasaba. Al cabo de cinco años, mi tan esperada bebita, no caminaba, no hablaba ya. Era un bebé eterno, que tenía retraso mental profundo y mil incapacidades físicas para el resto de su vida. Estabas perdiendo poco a poco, las pocas habilidades que tenías, te hacías más rígida. Los médicos no sabían qué decir, y yo estaba aterrorizada.

Todo el que me dijo que nada estaba mal, que tuviera paciencia, ahora no podía creer que nunca nada estuvo bien desde el principio. Sandra, fuiste diagnosticada por tu padre y luego por los médicos, con RETT Syndrome. Esta rara enfermedad ocurre solamente en niñas. Es un desorden del cerebro, y aunque al principio desarrollen normalmente, entre los 6 y 18 meses, comienzan a retrasarse en su desarrollo, lo cual les lleva a una condición de profundo retraso mental e incapacidad física completa. No hay causa conocida, tratamiento, ni cura. Se conoce hasta el momento unos tres o cuatro mil casos en el mundo entero.

Hoy, con casi 12 años, mi linda bebita, no puedes hablar ni alimentarte solita. Usas pañales. No puedes caminar ni correr. Tomas medicamentos para controlar convulsiones epilépticas constantes, y tu columna vertebral tan encorvada, apenas si te permite respirar bien o sentarte derecha. Estás más susceptible a contraer infecciones urinarias y neumonías, causas por las cuales, muchas niñas con RETT, han muerto ya. No sabemos cuánto tiempo vivirás entre nosotros, ni cómo vas a morir. Cada llamada telefónica que recibo de tus abuelas, o de la nana que te cuida, o aun de las terapistas o médicos, para una simple pregunta, me hacen saltar el corazón, pensando que algo te ha pasado.

En algún papel/literatura que leí sobre tu enfermedad, decía "Es una definición médica complicada, pero no se trata de palabras médicas, se trata de niñas. Es de niñas... niñitas cuyas vidas están afectadas por esta severa enfermedad de RETT... Niñas que tienen que usar ruedas en vez de piernas... Que sienten caer las gotas de lluvia, pero no comprenden la lluvia... Que les gusta comer, pero no pueden hacerlo solas... Que desean dar un abrazo, pero sus bracitos no pueden extenderse... Que escuchan música, y les gusta, pero no pueden cantar... Niñas, cuyos padres buscan renovar las esperanzas cada día. Mentes atrapadas dentro de un cuerpo que nunca les permitirá comunicarse o entender lo que el resto de nosotros tiene y no sabe apreciar." ¿Que habría en la mente de "Baby Lollypop"?

¿Qué piensa o siente la mamá de "Baby Lollypop"?... ¿No apreciará nunca lo que Dios le dio...? ¿Qué siente la mamá y el papá de "Baby Theresa"?... Dolor de haber perdido su bebita, y agradecimiento a Dios por habérsela llevado, pero que trajo una misión que sus padres cumplirán, ¡con sólo días de su vida!... Las leyes tienen que estudiar situaciones como éstas. ¡Y yo, Sandra, yo que le doy gracias a Dios aún por tu vida, por la gran misión que traes contigo, pero que desearía a veces que te llevara con Él! El dolor que siento a veces es mucho y profundo. Hay quien cree, que he hecho mucho por ti. No puedo hacer nada, sólo aceptarte y quererte. Hay quienes piensan que ya me acostumbré a tu enfermedad. Una madre, una verdadera madre, jamás se acostumbrará a ver un hijo enfermarse, y morir. Pero aun así, doy gracias a Dios por ti. ¡La rosa es bella, aunque nos pinchen las espinas! Una vez más, hablé contigo, mi linda bebita, te quiero siempre,

TU MAMI.

# DÉCIMA CARTA

## CARTA DE SANDRA
## A SUS HERMANITOS

10 de agosto de 1992

Mis queridos hermanos:

Pronto cumpliré los 12 años. No sé si voy a sobrepasar esta difícil edad debido a la enfermedad que tengo. Tal vez pueda vivir unos años más junto a ustedes, pero ninguno lo sabemos. De todos modos, no quise que pasara este próximo cumpleaños mío, sin escribirles a ustedes dos por primera vez. Les agradezco todo el amor que me tienen y lo mucho que se preocupan en atenderme. Corren a mi cuarto en cuanto lloro, para ver qué me pasa, y juegan conmigo, y me cantan, y me acarician. Todo ese cariño, quiero que sepan, que yo lo experimento totalmente, aunque por mi profundo retraso mental no se los pueda comunicar más que con mis ojitos y mi sonrisa como respuesta.

Después de agradecerles tanto, debo pedirles disculpas. Sé cuánto han sufrido por mi culpa, las veces que les he robado tiempo para ustedes de mamá, porque tenía que atenderme a mí. Perdonen por no jugar con ustedes ninguno de los juegos infantiles que pudimos haber jugado de ser yo normal, y por las peleas que hubiera sido normal que tuviéramos, pero que al no tenerlas es más difícil aun para ustedes. Pelear es parte de amarse y de crecer juntos, sin embargo, conmigo no han podido hacer eso, y se les hace más difícil cualquier sentimiento de hostilidad que sientan hacia mí algunas veces.

Perdonen, porque a veces cuando llegan sus amigos y me ven en un sillón de ruedas, llena de babeos y saliva, riendo como tonta, no comprenden, y ustedes se sienten avergonzados de tener una hermana como yo. No, no me enojo, sólo siento pena por ustedes que me tienen que aceptar así, y lo hacen con mucho amor y mucha dignidad. La manera de ser de ustedes conmigo, hace que sus amigos aprendan a mirar a un inválido retrasado, y aprendan lo que es compasión y aceptación.

Yo sé que al estar en la familia con este Syndrome raro, les he dado a todos muchas preocupaciones. Muchas inseguridades han sentido ya. No pude evitar escuchar el otro día a uno de ustedes hablar con mami y preguntarle si cuando fueran adultos y tuvieran una hijita, nacería como yo con el RETT Syndrome. A mamá se le llenaron los ojos de lágrimas, porque precisamente esa pregunta se la hace ella constantemente desde que yo nací, y a pesar de tantas pruebas de laboratorio, no sabemos qué pasará en un futuro. Mamá trató de contestar de la manera más positiva, que aunque lo ignoraba, tenía fe que algo se sabría de las investigaciones que actualmente se hacen, y si no se logra hacer nada por mí, quizás los beneficiados sean ustedes, en la vida de sus futuras hijas.

Estoy orgullosa de tener dos hermanos como ustedes: Francisco Javier con sus catorce años, y Juan Pablo, con diez. Ambos tan cariñosos, prodigándome siempre tanto amor y tanto cuidado. Nunca les olvidaré, aquí o lejos en el Cielo, estarán siempre en mi corazón.

Yo no sé dar un beso, pero mis manitos torpes les quieren abrazar a veces sin lograrlo. Perdonen mi torpeza, las veces que sin querer, les he dado un golpe, cuando lo que deseaba era darles un beso o un abrazo.

Sé que junto con tanto dolor, les he traído bendiciones y mucho amor. El amor que tenemos en nuestro hogar, y que comenzaron, papá y mamá cuando se conocieron, todos lo sentimos, unos por los otros, y eso es lo que nos ayuda a seguir en el camino. Allá estará Dios, siempre esperando por todos nosotros con los brazos abiertos, como murió en la Cruz.

Les quiere mucho.

Su hermanita,

SANDRA

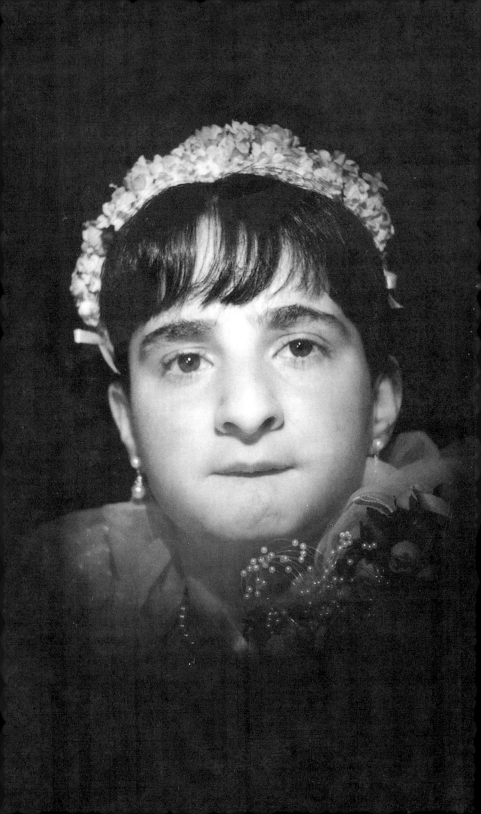

# UNDÉCIMA CARTA

## CARTA DE SANDRA
## A SU ABUELITA MUERTA

2 de noviembre de 1994

Querida Abuelita:

He estado por escribirte desde que moriste hace más de año y medio. Muchas cosas han pasado, incluyendo el que casi perdemos a mamá en casa, pero hoy quise escribirte.

Abuelita, nunca olvidaré que más de 70 carros iban después del funeral hacia el cementerio a enterrarte. Y eran pocos, pues en la funeraria eran muchísimas más las personas que asistieron, y sin contar las muchas otras, que por una razón u otra, no pudieron asistir. Tanto te quisieron, a tantos ayudaste y tocaste en sus vidas, con tu alma noble y buena. Aunque yo por mis condiciones no pude estar junto a mamá y papá, ni a mis hermanitos aquel día, yo te he extrañado mucho.

Cuando aquel fatal día el carro te atropelló cruzando la calle, aún tirada sobre el pavimento de asfalto rodeada de los

63

paramédicos y la multitud de gente, y con dolores terribles debido a tu muy fracturada pelvis, pensabas en mí, pues sabías que no estabas allí para recibirme. Le insististe a abuelo a que llamara a una vecina para ayudarme. Cuando en estado de coma, en la unidad de cuidados intensivos del Centro de Traumas del Hospital, repetías un nombre, era el mío. Mamá y tía le preguntaron a la enfermera, y ésta respondió que nombrabas constantemente un nombre de mujer, y que era el mío.

Abuelita, yo sé lo mucho que me quisiste. Nunca olvidaré lo mucho que me cuidaste, al igual que lo hiciste por mis hermanos y por todos tus nietos. Eras una abuela muy justa, y nunca hiciste favoritismos con ninguno de nosotros, ni aún conmigo que estaba enferma. Pero yo sé que muy dentro, llevabas la pena de verme retrasada mental y en un sillón de ruedas. Te cansabas de traerme regalos, a pesar de las protestas de mamá. Traías zapatos de todos los colores y de muchos modelos, tratando de alguna manera de borrar la triste verdad de que jamás podré caminar. Siempre creías verme mejorar, aunque la realidad fuera otra.

A todo el mundo le hablabas de mí. Para ti, siempre fui bella, dulce, y suavecita. Para ti, siempre tuve la mejor de mis sonrisas. Quería agradecerte todo lo que con tanto cariño hacías por mí.

Ahora, descansas de tanto luchar, de tanto trabajo, de tantas penas y agonías. A veces he pensado si te volveré a ver pronto, pues ya sabes que con mi enfermedad, lo mismo puedo vivir muchos años que morir en cualquier momento, pero aquí estoy, según mamá, hasta que Dios lo quiera.

**"Adiós, Abuelita"** o mejor aun, un **"Hasta Luego"**, pues la vida no es más que una fase, una temporada. Un algo, una parte de un todo que es la inmensidad, la totalidad, lo indefinido.  Una inmortalidad que es Dios.  Pero muerta o viva tú, viva o muerta yo, nos une el amor, ese amor inmenso que un día nos unió en esta Tierra.  En nombre de ese amor, te repito lo mucho que te quiero, y hasta que la vida o la muerte nos vuelva a unir, pensaré siempre en ti.

Espérame junto a Dios.

Hasta siempre... SANDRA.

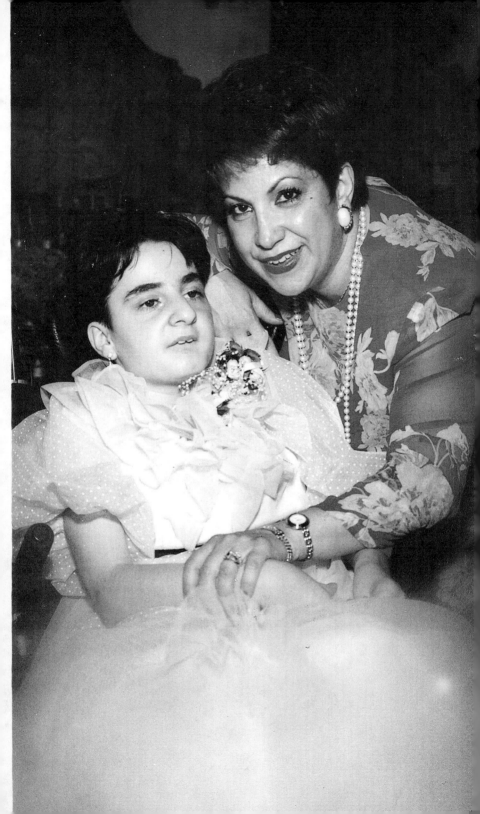

# DUODÉCIMA CARTA

## CARTA DE LA MAMÁ DE SANDRA
## A OTRAS MADRES

2 de febrero de 1995

Querida madre que me lees:

Este año, mi hija Sandra cumplirá sus 15 años. Fecha para la bonita fiesta donde una hija se presenta a la sociedad, hecha toda una muchacha. Algunos padres no hacen ya la fiesta en sí, pero hacen otros planes, un paseo, un viaje. Hay motivos de celebrar este gran acontecimiento. Aquella bebita bonita y chiquita, se les ha convertido en una señorita.

Hace años, asistí a una gran fiesta de quince. Era la hija de unos amigos. Durante la celebración, no pude evitar pensar en Sandra, y en la imposibilidad de celebrarle una fiesta así. No por razones económicas, sino por las condiciones de Sandra: Una niña profundamente retrasada mental y con mil incapacidades físicas en un sillón de ruedas. Una niña con el Syndrome de RETT.

La vida me trajo una linda bebé. Era hermosa, blanquita. La niña que siempre quise. Pero la vida está llena de sorpresas, y aquella bebita con menos de un año de nacida, no se interesaba por sus juguetes, apenas se movía en la cuna. Parecía un juguete más entre ellos. No sabía que traía un mal de nacimiento, y que en pocos meses, descubriría que no era normal. Nunca ha caminado, nunca ha permanecido de pie, aprendió a sentarse y ya no lo hace por ella misma. Nunca habla ni dice nada, sólo emite sonidos y llora, igual que un bebé.

Por más de cinco años, no se sabía lo que tenía. A la edad de seis años, fue diagnosticada oficialmente con el Syndrome de RETT (oficialmente, pues su papá, que es médico, ya lo había hecho un año atrás). Lo único que pude hacer en aquél entonces fue dedicarle cartas; cartas donde yo le hablo, donde ella me contesta, cartas donde "ella dice" un mensaje. Cartas del corazón de una madre que pena por la pérdida. Sí, porque un hijo así es perder un sueño, una ilusión.

A la edad de siete años, comenzó a tener convulsiones epilépticas. Ha sido sometida a varias operaciones quirúrgicas. Padece de scoliosis en su espalda, tres curvaturas deforman su postura. Sus pies han sido sometidos a aparatos y yesos. Ha estado ingresada en el hospital en varias ocasiones, algunas para hacerle pruebas y exámenes. Ha tenido problemas de digestión. Ha tenido problemas con sus dientes, y ha tenido operaciones en su boca. Sandra funcionaba y funciona como un bebé. Come como un bebé, bebe como un bebé. Se comporta como un bebé. Con casi quince años, funciona al nivel de un bebé de nueve meses. Pero ahora es una joven y, además, hay que asearla con las nuevas complicaciones de ser una jovencita en pubertad y adolescencia.

Sin embargo, con ella yo he aprendido a aceptar lo inaceptable. A tener paciencia, a sonreír a pesar del dolor. Aprendí a juzgar menos, y a querer y aceptar más. Conocí el verdadero valor de la vida. Aprendí a vivir cada momento con calidad. Aprendí a transformar el destino. Aprendí a decorar lo feo. Convertí mi cruz vacía, en una cruz llena de rosas. Conocí lo que es tener a Dios en una cruz. Comencé a forjar y a planear otras ilusiones. Comencé a tener otros sueños para ella. Algo triste, terrible, doloroso, se vistió con el toque de los ángeles. Algo que apestaba, comenzó a oler con el perfume de las flores. Conocí todo aquello pequeñito de la vida, pero que trae tantas alegrías y bendiciones. Supe distinguir entre lo importante, y lo que no era tan importante.

Cuidarla no es lo más fascinante de mi vida. A veces es muy difícil, otras imposible, ver que hay algo de bueno en todo esto: Sandra nunca me dará el dolor de verla caer, fallar, de herirme o contestarme mal. Nunca me va a desobedecer, nunca regará su cuarto, ni tendrá vicios, ni será un problema. Ella es todo pureza, amor, bendiciones, junto al contraste de cuidarla, un enfermo inválido. Su sonrisa es la sonrisa de un ángel. La blancura de su carita, refleja su inmensa pureza. Ama sin condiciones, totalmente. Confía absolutamente en nuestro cuidado y amor. Tiene una belleza y un calor interno que no es de este mundo. Su sonrisa y su expresión, me dan la fuerza que necesito para enfrentar esta vida tan incierta. Con ella he aprendido a sonreír a todo lo torcido y duro que me ha dado la vida.

Cualquiera de ustedes que tiene una hija "normal," esté posiblemente haciendo planes para esa gran fiesta. Yo he comenzado a hacer mis planes para otro tipo de fiesta. Una donde ustedes puedan compartir conmigo la alegría de tenerla en mi vida. Que me apoyen a celebrar estos largos y difíciles años, dando gracias a Dios, por habérmela dejado tener tanto tiempo. Las bebitas con RETT Syndrome no tienen plazo de vida definido: Pueden morir muy bebitas, o en cualquier momento, durante su vida: en una convulsión o durante el sueño. ¡Quién sabe!...

Yo quiero celebrar y aceptar su venida a mi vida, junto a ustedes, que pueden hacer otros planes diferentes a los míos. Que conocen lo que es una hijita normal, con la que hablan y planean. Sandra me enseña el camino, me da la inspiración, yo lo sigo. Todo el dolor que siento con ella, no es más que todo el amor que tengo para ella. Yo cuido de ella, pero ella cuida de mí. Su presencia es un constante recuerdo del amor de Dios por nosotros.

Ella es mi regalo, no sólo mi cruz y mi dolor. Tenerla ha sido especial después de todo. No siempre se puede tener un ángel en el hogar como lo tenemos nosotros. Vengan y celebren conmigo. Ayúdenme a decorar mis sueños rotos, mi triste realidad. Les prometo que su carita y su sonrisa les dará razones para agradecer a Dios el haber venido.

LA MAMÁ DE SANDRA.

# DECIMOTERCERA CARTA

## CARTA DE SANDRA A SU TÍO

24 de abril de 1995

Querido Tío:

¡Qué susto nos llevamos todos con tu caída!... Imagínate, caerte del techo, y partirte las piernas. Pudiste haberte matado. Papá y Mamá estaban muy preocupados cuando te operaron, pero ya, gracias a Dios, vas mejorando poco a poco.

Te vemos sentado en un sillón de ruedas, sin poder caminar por varios meses. Nada fácil para alguien como tú tan trabajador, con tanta energía. El dolor fue mucho peor al principio, cuando te tomabas esos calmantes tan fuertes. Ahora el dolor se va haciendo un poco más ligero, pero sigue siendo molesto e inoportuno, pues casi siempre viene a molestar a la noche que es cuando más se necesita el descanso y el sueño para recuperar las energías.

Tía no sabe qué hacer la mayor parte de las veces, pues es muy difícil ayudarte cuando te sientes así, con la depresión de estar ahí sentado, dependiendo de todos para ayudarte. A veces quieres dormir y no pensar, otras, quisieras que el tiempo transcurriera ligero y ya te encontraras de pie funcionando como antes. Muchas veces te sientes frustrado, y te pones de mal humor, peleando y exigiendo a las personas que tienes cerca, que son las que más te atienden y te quieren. Luego te sientes culpable por haber sido tan exigente e impaciente, pero pides que te entiendan. No es fácil estar así.

No, Tío, no es fácil. Yo bien lo sé. Tantas veces quisiera gritar, llorar, y expresar cómo me siento, y no puedo. En una cama o en un sillón de ruedas, veo el mundo moverse a mi alrededor: Mamá que parece un trompo dando vueltas siempre para proveerme lo más necesario, con tanta paciencia. Las nanas que me cuidan haciéndomelo todo, y a veces frustradas de no saber qué me pasa. Mis hermanos tomando responsabilidades conmigo desde que eran muy pequeños, cuando mamá no está ahí para hacerme las cosas. Yo también sé lo que es depender de los demás. Y peor aún, pues como no hablo ni entiendo, no sé expresar lo que siento, ni lo que quiero. A veces quisiera algo tan simple como rascarme la espalda, pero no lo sé decir, y debo esperar pacientemente a que mami se dé cuenta o se lo imagine, para que me alivie. A veces tengo sed, y debo esperar las horas programadas para mi alimento para poder tomar o comer lo necesario, y no cuando a veces lo quisiera, o cuando de veras siento sed o hambre. Muchas veces los diferentes dolores que siento me desesperan, las convulsiones me decaen y debilitan. A veces lloro incansablemente, para que las nanas o mamá, traten de encontrar cual es la causa, y así satisfacer mis necesidades. Pero ya ves, así he vivido casi 15 años. Tú, en cambio, gracias a Dios, puedes expresar todo cuanto deseas, y todo lo que sientes, y vives con la esperanza de que pronto volverás a caminar. Yo ni siquiera sé hasta cuando voy a vivir.

Te admiro mucho, eres un buen hombre, amas a todos y ayudas a mucha gente, me quieres mucho, y yo también te quiero porque eres mi único tío. Cuando estés desesperado, en vez de enfadarte con Dios o con los demás, piensa en mí, y dedícame una pequeña oración, te prometo que el Buen Dios te escuchará y te aliviará en mi nombre.

Te quiero,


TU SOBRINA SANDRA.

# DECIMOCUARTA CARTA

## CARTA DE SANDRA
## A OTRA NIÑA

7 de julio de 1995

Querida Amiguita:

Tienes quince años. ¡Qué edad tan linda!... Piensas en romances, flores, vestidos y encajes. Haces planes para un futuro, una familia, una carrera de estudios, universidad, una profesión, en fin. Te envidio. Pues yo soy apenas una muchacha de quince, pero profundamente retrasada mental en un sillón de ruedas. No hablo, no camino, no me puedo mantener de pie, y malamente sentada, pues mi columna vertebral está tan desviada, que los dolores me hacen llorar, y la frustración me entristece. Tengo muchísimas convulsiones y ataques, que aunque duran pocos minutos, me dejan completamente drenada y cansada. Los temblores me hacen sudar y me asusto, sin saber lo que me está pasando.

Yo tengo unos ojos que miran y admiran todo a mi alrededor, pero no lo puedo decir; unas manos que no tienen dirección ni siquiera para tocar o abrazar a los que quiero; unas piernas paralizadas y rígidas que no me llevan a ninguna parte, y desearía correr, jugar y retozar como otras de mi edad; no sé comer sola; no puedo hablar; no puedo expresarme, pues estoy en un profundo retraso mental; todo me lo tienen que hacer; todo lo tienen que adivinar, pues no puedo expresar ni el más mínimo de mis pensamientos. A mi madre la adoro, pues ella me da tanto amor, que no tengo, literalmente palabras para poderle agradecer todo cuanto hace por mí. Es triste ser y estar así.

Pero si todo esto te parece triste, te diré que hay otras cosas en las vidas de hogares más normales que el mío, que dan mucha más tristeza: Hay hogares, donde la familia no dialoga, no expresa el amor mutuo; donde no se reza; donde no hay tiempo nunca para comer en familia; donde los hijos no respetan a los padres; y los padres dan los peores ejemplos. Donde no se comparte un juego, ni un paseo. Donde hay mucho más dolor, porque existe el rencor, el odio, la humillación. Donde no se sabe reír. Donde no se sabe perdonar.

Es más triste, amiguita mía, ver cómo tú le contestas a tu mamá; como a veces la ignoras y la humillas; cuánto dolor le das a tu familia, no sabes valorar lo que tienes. Es triste ver como Dios te ha dado una mente inteligente y privilegiada, y la desperdicias, sin darle importancia a tus estudios. Tienes un hogar, gente que te quiere, que desea lo mejor para ti, y no lo sabes considerar.

Amiga mía, más triste que ser anormal, retrasada, minusválida e incapacitada, luciendo muerta hacia los de afuera, pero tan llena de vida por dentro, porque me rodea el amor de Dios y de mi familia y amigos, es vivir y estar muerto por dentro, como lo estás tú a veces. Hay quien mira la Tierra y sólo ve tierra.

Sal a la calle, corre, ríe, ama, y VIVE, VIVE, VIVE. Lo tendrás TODO, si sabes tener a Dios.

Te quiero.

SANDRA.

# DECIMOQUINTA CARTA

## CARTA DE SANDRA
## A QUIENES LA CUIDAN

10 de julio de 1995

Querida Nana, Maestra, o Terapista que me
cuidas y me ayudas:

Te veo llegar apresurada y enfrentarte al cuadro
desastroso de verme en una cama o sillón de ruedas: encorvada,
babeada y llena de saliva, mal olorosa, mojada en orine o
fecales, y a veces sangre, pues ya soy una joven adolescente.

No puedo evitar este evento día a día. Soy una niña
profundamente retardada e incapacitada, que llora a veces de
dolor o de frustración, tratando de que me entiendan y me
comprendan; buscando algún alivio; sin poder caminar;
paralizada; muchas veces con dolor en las piernas y espalda;
con esa espalda deformada; mis manos sin propósito, imposi-
bles para realizar ninguna labor, ni siquiera la de abrazar; sin

poder hablar; con los labios llenos de saliva, y aliento desagradable, sin poder dar un beso o emitir una sola palabra; con temblores y sudores; y con muchas convulsiones epilépticas. Pero, gracias a Dios, puedo sonreír y puedo mirarte con amor angelical. Y puedo sonreír no sólo a mamá y a mi familia, puedo sonreírte a ti, que también me cuidas y me quieres. ¿Crees que no lo leo en tus ojos?... Muy a pesar tuyo, a veces te inspiro lástima y dolor; pero otras, te hago bendecir a Dios, por los regalos que ya tú tienes en tu vida, y que a veces no valoras.

Me bañas, y me lavas, me cepillas mis dientes, me alimentas y velas mi sueño, me das masajes y ejercicios, haces todo aquello que se está supuesto a hacer por una enferma como yo. Sí, por mí, aunque tenga el cuerpo de una joven de quince, tengo la mentalidad de un bebé, una eterna bebé que es un eterno dolor para todos, especialmente para mi madre.

Pero hay otras cosas, que no están en tu lista de quehaceres, como lo es el inmenso amor con que me cuidas, el cariño tan grande que va naciendo con ese cuidado día a día. Me cantas, me lees, y me rezas, me bendices. Mamá lo sabe, y es por eso que ella también te quiere tanto. Ella te necesita, ella no podría llevar esta cruz sin tu ayuda y tu apoyo. Mamá le pide a Dios muchas bendiciones para ti, y yo también, aunque nunca te lo pueda expresar con palabras. Espero que sientas mi amor y agradecimiento, a través de mi sonrisa infantil e inocente, y la chispa de mis ojitos negros.

Siempre el Señor ha de reservar algo lindo y divino a todas aquéllas personas que vienen a mi vida a darme un servicio, un alivio, un cuidado, un poquito de su amor. De eso estoy segura, y si algún día, mi Dios me llama a Su Cielo, desde allá siempre te bendeciré y protegeré como lo has hecho tú aquí conmigo.

Te quiero,

SANDRITA

Si el lector desea escribirle a la autora, lo puede hacer a:

Xiomara J. Pagés

# XIOMARA J. PAGES

Freelance Writer &
Conferencist

Author: "MI CRUZ LLENA DE ROSAS"

P.O. BOX 83-1687
Miami, Florida 33283-1687

Beeper: (305) 876-4310
Office: (305) 858-2666

S. L. ... o ... desea contribuir a la mision, lo puede hacer a ...

Kimball Ministries
P.O. Box 35121
Merida, CP 97153-1521, USA

TERESA DE AVILA

OTROS LIBROS PUBLICADOS POR EDICIONES UNIVERSAL:

**ENSAYOS:**